AF313738

12 Mai 1892

VENTE DES JEUDI 12 ET VENDREDI 13 MAI 189…

MAGNIFIQUES TAPISSERIES

M. G. BOULLARD   M. A. BLOCHE

EXPOSITION PUBLIQUE
Le Mercredi 11 Mai 1892, de 2 heures à 6 heures

CATALOGUE

DE

MAGNIFIQUES TAPISSERIES

DE BRUXELLES

Tissées d'or, d'argent et de soie
Époque Louis XIV

OBJETS D'ART & DE CURIOSITÉ

Bois sculptés — Ivoires — Argenterie
Porcelaines anciennes montées et non montées

Bronzes d'art et d'ameublement — Marbres

LOUIS XIV, LOUIS XV & LOUIS XVI

BEAU MOBILIER ARTISTIQUE

Remarquable Lit du temps de Louis XVI
en bois sculpté et doré, avec ses tentures

Salons de Jansen — Meubles en bois de luxe et en marqueterie,
garnis de bronzes du XVIIIe siècle

TRÈS BEAU TAPIS ANCIEN DE PERSE

Tentures

Tableaux anciens et modernes
Importante frise à sujets allégoriques, attribuée à David

Provenant de l'ancien Hôtel Chauterenc

Ayant appartenu à JOSÉPHINE DE BEAUHARNAIS

ET DONT LA VENTE AURA LIEU

HOTEL DROUOT, SALLE Nº 1

Les Jeudi 12 et Vendredi 13 Mai 1892

à 2 heures 1/2

Mᵉ G. BOULLAND	**M. A. BLOCHE**
COMMISSAIRE-PRISEUR	EXPERT PRÈS LA COUR D'APPEL
26, rue des Petits-Champs, 26	25, rue de Chateaudun, 25

EXPOSITION PUBLIQUE

Le Mercredi 11 Mai 1892, de 2 heures à 6 heures

CONDITIONS DE LA VENTE

Elle sera faite *expressément* au comptant.

Les Acquéreurs payeront CINQ POUR CENT en sus des adjudications, applicables aux frais de la vente.

L'Exposition mettant le public à même de se rendre compte de l'état des objets, il ne sera admis aucune réclamation une fois l'adjudication prononcée.

Paris. — Imp. de l'Art. E. MÉNARD et Cⁱᵉ, 41, rue de la Victoire.

Désignation des Objets

TAPISSERIES

Tapis de Perse

1 — Superbe tapisserie de Bruxelles du temps de
Louis XIV, représentant la déesse de l'Abondance jouissant des bienfaits de la paix au milieu des trésors de la terre. La Déesse, richement parée devant un monument, est assise sur
un lion, et appuyant la main droite sur la boule
terrestre, un enfant à ses côtés prend des me-

sures avec un compas. A droite, on fait le vin ;
un homme est debout dans le pressoir, Bacchus
enfant boit à pleine coupe le nectar délicieux,
Pomone, entourée de vases d'or et d'argent d'un
précieux travail, s'agenouillant devant la Déesse,
lui présente un gobelet d'or. Cette scène, ma-
gistralement indiquée, se passe dans un paysage
accidenté à horizon sans fin. Tout autour, en
plein champ de la tapisserie, on peut admirer des
guirlandes, des enchaînements de légumes et
de fruits, au milieu desquels des perroquets au
plumage multicolore, et à gauche un vase d'or-
fèvrerie chargé de fruits.

Bordure simulant un encadrement. Cette ten-
ture est vraiment digne d'attention, autant par
l'ordonnance de son sujet que par son état de
conservation et sa facture.

Haut., 3 m. 55 cent.; long., 4 m. 35 cent.

2 — Très remarquable tapisserie de Bruxelles,
époque Louis XIV, première période, toute tissée
d'or, d'argent et de soie, représentant l'entrée
triomphale d'Alexandre dans Babylone. Importante composition de vingt personnages. Le char,
traîné par des chevaux richement caparaçonnés,
est conduit par des femmes accompagnées de
figures de Renommée dans les airs qui sonnent
dans des trompettes de triomphe. A droite, marchent les enfants porteurs de torches; à gauche,

les hordes guerrières portant les emblèmes, les
étendards ou sonnant dans les trompettes et dans
les cors; derrière marchent péniblement les rois
vaincus. Alexandre se tient fièrement debout
dans le char, et dans les airs on voit l'aigle sym-
bolique tenant les foudres dans ses serres. Tout
le champ est semé de fleurs de toutes espèces.
La bordure présente en haut un bandeau et sur
les côtés des suites de trophées guerriers, ar-
mures, boucliers, casques, carquois, sabres,
tambours, canons, etc. Le bas offre des guirlandes de fleurs soutenues par des canons.

Haut., 3 mètres; long, 6 m. 35 cent.

3 — Magnifique tapis ancien de Perse, tissu ve-
louté à reflets, champ fond gros bleu semé d'entrelacs, de fleurs et de feuillages qui encadrent
des médaillons de différentes formes à dessin dé-
licat d'ornements sur fond vieil or. La bordure
présente une suite d'entrelacs, de fleurs et de
petits médaillons à rosaces en parfaite harmonie
avec le milieu. Ce tapis est remarquable par sa
disposition, rappelant les plus heureux décors de
Perse, ses proportions et son bel état.

Long., 6 mètres; larg., 2 m. 90 cent.

4 — Tapisserie de Bruxelles à quatre grands personnages, représentant la soumission d'un vaincu

au roi vainqueur, avec belle bordure à fleurs.
Époque Louis XIV.

Long., 2 m. 80 cent.; larg., 3 m. 65 cent.

5 — Tapisserie des Flandres, représentant un saint
en prière dans un paysage, tenant une épée de
la main gauche et le livre de piété de la main
droite. Époque Louis XIV, avec bordure.

Long., 2 m. 90 cent.; larg., 1 m. 75 cent.

6 — Grande tapisserie représentant saint Paul sur
le chemin de Damas, et inscription : S.
MATHEVE. S. MARCVS SAVLE SVAVLE
QVID ME PERSEQVERIS. Composition importante de neuf figures, cavaliers et guerriers,
avec vue de château fort en perspective. Avec
bordure. Époque Louis XIV.

Long., 2 m. 90 cent.; larg., 5 mètres.

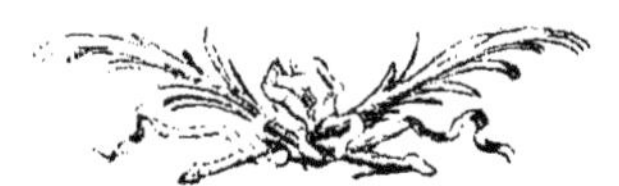

OBJETS D'AMEUBLEMENT

7 — Magnifique lit de milieu avec baldaquin à couronnement et à quatre faces en bois finement sculpté et doré. Le panneau de devant comme celui du fond, isolé par des colonnes feuillagées et enguirlandées, couronné par des coupes, présente au milieu un médaillon à bouquets de fleurs se détachant sur un fond très délicatement ornementé. De chaque côté, des montants cannelés avec guirlandes et chapiteaux; au-dessus, une frise avec fronton d'une grande richesse d'attributs et de fleurs, d'un travail remarquable. Le panneau de fond, les côtés et le ciel de lit ne le cèdent en rien comme richesse et comme élégance de sculpture. Ce lit est accompagné de ses tentures et draperies de l'époque Louis XVI. en satin bleu pâle broché garni de franges assorties. Pièce d'ameublement tout à fait digne d'attention et rare.

8 — Belle commode en laque fond noir et décor en couleur ornée de bronzes dorés rocaille.

9 — Table-bureau en laque de style Louis XV, ornée de bronzes dorés.

10 — Deux encoignures époque Louis XVI, en bois
de rose marqueté, ornées de bronzes.

11 — Meuble en acajou, Louis XVI, à hauteur d'appui, avec dessus en marbre blanc.

12 — Autre meuble formant pendant du précédent.

13 — Petite commode Louis XV, en bois de violette,
à deux tiroirs, ornée de bronzes dorés.

14 — Petit meuble Louis XVI à deux corps à cou-
lisses et casier en bois de rose, orné de bronzes
dorés.

15 — Petite table Louis XVI, en marqueterie, lo-
sanges à fleurs, ornée de bronzes dorés.

16 — Écran en tapisserie d'Aubusson et bois doré
Louis XV, avec sujet tiré des fables de La Fon-
taine.

17 — Écran en tapisserie de la Savonnerie, époque

Louis XVI, perroquet avec fleurs en bois sculpté
et doré.

18 — Petite console d'applique en bois sculpté et
doré, formée par un oiseau chimérique.

19 — Vitrine en acajou, de forme cintrée, avec
dessus de marbre blanc et ornée de bronzes.

20 — Petit bureau plat Louis XV, en bois de rose
et bronzes dorés.

21 — Support d'applique en bois sculpté et doré.
Époque Louis XIV.

22 — Très belle table style Louis XIII, en noyer et
marqueterie de cuivre, de nacre et d'ivoire.

23 — Joli ameublement de salon, composé d'un
canapé et quatre fauteuils en bois sculpté, dossiers carrés, dessins rais de cœur, chutes de
bras à piécettes enfilées, pieds cannelés et perlés,
frontons des dossiers à trophées de fleurs et
de nœuds de rubans, couvert en soierie rayée et

brochée, à bouquets d'œillets sur fond crème. Travail de *Jansen*. Style Louis XVI.

24 — Jolie *marquise* en bois finement sculpté et doré, à contours gondoles, pieds reliés par un croisillon, dessin à rocailles, enroulements et ornements coquillés. Style Louis XV.

25 — Charmant ameublement de boudoir, composé d'un canapé et deux bergères, style Louis XVI, en bois finement sculpté et doré, fronton à cornes d'abondance et médaillons à petits Bacchus sur des dauphins, fond plat à chainette, montants de bras à volutes, pieds spirales, bandeaux à rubans et feuilles de laurier, couverts en dauphine gris argent rayée bleu, brochée à bouquets de fleurs et festons de rubans.

26 — Deux jolies bergères semblables à celles de l'ameublement précédent.

27 — Très joli petit fauteuil, forme dite *Éperon*, en bois finement sculpté et doré, dessin à rocailles, couvert en brocart d'or et fond gris perle, à panaches et bouquets de fleurs brochés. Style Louis XV.

28 — Bout de pied, forme X, en noyer, couvert
d'une bande en ancienne tapisserie à gerbes de
fleurs et nœuds de rubans, brodé de peluche
mordorée.

29 — Canapé du temps de Louis XV, en bois sculpté
et doré, dessin à contours coquillés, fleurs et
volutes, foncé de canne.

30 — Deux fauteuils en bois sculpté et doré, même
dessin, époque Louis XV, couverts en soierie
chaudron brochée, à bouquets, cornes d'abondance et dragons.

31 — Grand canapé en bois sculpté, dessin à coquilles, gerbes de feuillages et ornements, couvert en tapisserie au point et au petit point,
médaillons à figures et bouquets de fleurs, fond
à volatiles, ramages et dragons. Travail d'époque
et style Louis XIV.

32 — Fauteuil en bois sculpté, de même style
Louis XIV, couvert en ancienne tapisserie au
point, médaillon à sujet champêtre, fond à
ramages.

33 — Fauteuil en bois sculpté, dessin de même
style Louis XIV, couvert en velours de Gênes,
bouquet et parterre de fleurs polychromes sur
fond crème.

34 — Petit bureau plat en marqueterie de cuivre,
riche dessin inspiré de Boule, sur fond d'écaille
de l'Inde, garni de bronzes dorés.

35 — Deux grands fauteuils en bois sculpté, époque
Louis XIII, couverts en étoffe, dessin genre
tapisserie.

36 — Grosse boule figurant le Soleil, en cuivre
rouge étamé, sur support très ornementé de
fleurs en fer forgé. Style Louis XIII.

37 — Quatre chaises légères en noyer très finement
sculpté, dessin à coquilles et feuillages, pieds
élégants et ornementés, foncées de canne dorée.
Style Louis XIV.

38 — Belle chaise longue en trois parties, formant
bergère, tabouret et crapaud en noyer sculpté,
couverte en velours de Gênes fond rouge grenat,

dessin ton sur ton, accompagnée de deux coussins et un rouleau. Style Louis XV.

39 — Très belle armoire en palissandre, à deux portes séparées par une colonne. Le devant et les côtés ornés de pointes de diamants. Le fronton décoré de deux figures et d'un écusson.

40 — Beau meuble-crédence en bois noir. Le haut supporté par deux chimères. Il s'ouvre à deux portes vitrées. Le bas à portes pleines garnies d'ornements.

41 — Grand cadre en bois doré et finement sculpté dans le goût espagnol.

42 — Belle armoire Louis XV, en acajou massif, s'ouvrant à portes pleines, garnie de ferrures.

43 — Grand buffet-crédence à étagères de côté, s'ouvrant à une porte au centre en bois sculpté, forme Renaissance, le haut d'aspect architectural, le bas s'ouvrant à trois battants, avec rangée de tiroirs à hauteur d'appui.

14 — Beau baromètre en bois sculpté et doré.
Époque Empire.

15 — Deux jolis meubles en bois sculpté, forme
bahuts, décor fond d'or, de l'époque Louis XV.
avec peintures à scènes champêtres et élégants
ornements dans le style Vernis-Martin, inspirées
de Watteau.

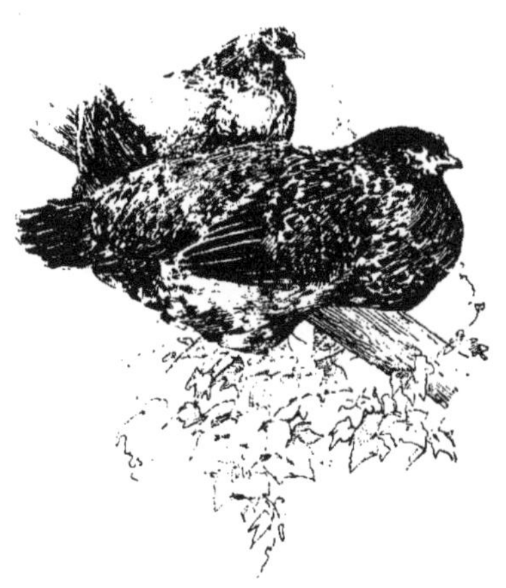

MARBRES — TERRES CUITES

Matières précieuses montées.

46 — Petit groupe en marbre : Enfants satyres mangeant des raisins. Sur un socle en bronze doré, style Louis XVI.

47 — Buste en marbre représentant Louis XVII.

48 — Grande et belle vasque en marbre rose, ornée de têtes de satyres ; monture en bronze doré de style Louis XVI.

49 — Coupe en porphyre rouge oriental, sur piédouche garni de bronze doré.

50-51 — Deux petits bustes en terre cuite d'enfants, signés Carrier-Belleuse.

52 — Deux petits vases en marbre brèche, époque Louis XVI, ornés de têtes de béliers.

53 — Petit buste en marbre : Jeune Fille drapée.
Style Louis XVI.

54 — Petit groupe en biscuit : Enfant tenant un cornet. Sur socle bronze doré, style Louis XVI.

55 — Buste en terre cuite de Beethowen, de Carrier-Belleuse.

56 — Buste en terre cuite : Mignon, de Signoret.

57 — Groupe en marbre : Enfant assis donnant à manger à un oiseau. Sur socle bronze doré, style Louis XVI.

58 — Grand groupe en marbre : Enfant au crabe.

59 — Groupe en marbre : Enfant assis sur un coussin.

60 — Beau buste en marbre blanc : *Diane*, d'après Houdon, grandeur nature.

61 — Beau buste en marbre blanc : *Apollon*, grandeur nature.

62 — Deux belles colonnes en granit rose d'Orient et massive. Qualité rare.

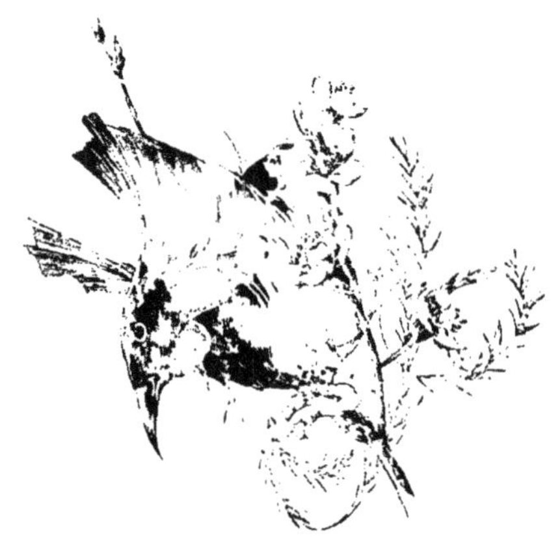

BRONZES D'ART ET D'AMEUBLEMENT

63 — Paire de grands candélabres formés par des groupes de nymphes et amours, bronze, patine verte, portant des bouquets à quatre lumières, élégants rinceaux feuillagés en bronze doré ; sur socle carré en marbre rouge griotte avec mascarons, têtes de Méduse et moulures en bronze doré. Partie époque Louis XVI.

64 — Cartel en bronze doré style Louis XV, modèle à rocailles.

65 — Statuette : *l'Amour à l'Arc*, bronze à patine rouge. Sur socle en marbre rouge.

66 — Paire de candélabres à statuettes de petits faunes coureurs au milieu de six branches de laurier à une lumière chaque en bronze doré, socles en marbre bleu turquin garni de bronze doré. Style Louis XVI.

67 — Statuette en bronze, patine rouge : *Baigneuse assise*, d'après Falconet.

68 — Grand groupe : scène de chasse au lion, composition de trois figures, bronze à patine verte.

69 — Statuette du roi Stanislas de Pologne, bronze vert, sur socle avec armoiries.

70 — Buste grandeur plus que nature : *la Reine Marie-Antoinette*, bronze à patine verte d'après Houdon.

71 — Pendule, forme vase, en bronze doré, avec cadran tournant, orné de chaque côté de figures allégoriques, bronze à patine verte, style Louis XVI.

72 — Paire de grands et beaux bras d'appliques en bronze ciselé et doré, à cinq lumières se détachant d'un vase à mascarons et guirlandes, suspendu à une draperie nouée en haut et retenue par une rosace modèle de Trianon, style Louis XVI.

73 — Paire de grands et beaux vases en marbre brèche sanguine, montés en bronze doré, avec arabesques et mascarons sur la panse, style Louis XVI.

74 — Paire de chenets en bronze doré, style Louis XVI, vases et jetées de fleurs sur balustrade à draperie.

75 — Deux candélabres à statues allégoriques : *le Printemps* et *l'Été*, à patine verte, de *Carrier-Belleuse* (signées), représentées debout, portant des gerbes de lis à sept lumières en bronze doré. Socles en marbre rouge griotte.

76 — Deux grands bras d'appliques à trois lumières en bronze doré, modèle de Calliéri. Style Louis XV.

77 — Deux girandoles en cristal monté en bronze à trois lumières. Premier Empire.

78 — Groupe de deux figures en bronze, patine claire : *la Jeunesse,* de Mathurin Moreau. Signé.

79 — Statue en bronze vert et patine brune : *la Baigneuse,* de Pillet. Signé.

80 — Pendule avec socle d'applique en marqueterie
de cuivre sur fond d'écaille de l'Inde, garnie de
bronzes dorés, pieds à cariatides de femmes.
Bas-relief offrant le triomphe de Vénus, le cadran
ensoleillé et ornementé, le couronnement avec
groupe allégorique : Vénus enlevée par Jupiter.
Style Louis XIV.

81 — Pendule en bronze ciselé et doré de style
Louis XVI, représentant un monument, avec le
cadran au milieu et surmonté d'un vase enguir-
landé de fleurs. De chaque côté, debout : Flore
et Vénus, bronzes à patine verte ; sur le devant,
un bas-relief : les Amours astronomes et géo-
graphes.

82 — Jardinière Louis XIV, en bronze, formée par
une vasque soutenue par deux figurines.

83 — Paire de chenets à sphinx, style Louis XIV,
bronze doré.

84 — Groupe en bronze : Éole et Borée, sur socle en
bronze doré de style Louis XVI.

85 — Autre groupe en bronze, pendant du précédent, représentant l'enlèvement de Proserpine.

86 — Miroir de toilette en bronze argenté, de style Louis XV, orné de deux lumières.

87 — Deux grandes et riches appliques à lyres, de style Louis XVI, bronze doré, à quatre lumières formées par des rubans soutenant des guirlandes de fleurs et de fruits.

88 — Deux flambeaux rocaille formés par des enfants en bronze vert et ornements en bronze doré.

89 — Très belle statuette en bronze, époque Louis XIV. Femme drapée et debout.

90 — Deux candélabres formés par des figurines de femme drapées, à trois lumières bouquets de rose; socle porphyre oriental.

91 — Deux petites appliques Louis XV, bronze doré à trois lumières.

92 — Deux candélabres formés par des vases en
jaspe de Sicile à trois lumières, monture style
Louis XVI.

93 — Pendule Louis XVI avec socle marbre blanc
et sujet mythologique en bronze doré.

94 — Très joli cartel de style Louis XVI en bronze
doré, avec cariatides d'enfants et guirlandes de
fleurs.

95 — Paire d'appliques de style Louis XVI, bronze
doré, à trois lumières avec têtes de satyres.

96 — Pendule rocaille formée par un éléphant en
porcelaine de Chine avec statuette de Chinois
au-dessus.

97 — Deux statuettes enfant chinois en porcelaine
de la famille verte, formant candélabres à trois
lumières, de style Louis XV.

98 — Deux candélabres style Louis XVI à trois
lumières, formés par des vases en porphyre
rouge oriental.

99 — Charmante pendule Louis XIV en écaille noire,
à colonnettes plates et ornée de bronze doré.

100 — Deux chenets Louis XVI, bronze doré.

101 — Pendule Louis XVI en marbre tigré orné de
bronze très finement ciselé.

102 — Deux petits candélabres formés par des vases
en marbre de couleur, bouquets à trois lumières,
bronze doré.

103 — Statuette en bronze, patine claire : la *Frileuse*,
de Houdon.

104 — Statuette en bronze : la *Vénus au dauphin*,
patine brune ; sur socle en bronze doré.

105 — Deux pélicans émail cloisonné de Chine, décor
polychrome.

106 — Deux candélabres : vases en émail peint fond
gros bleu lapis avec bande à couronnes et sujets

en grisaille, supportés par des groupes d'enfants,
surmontés de bouquets à quatre lumières en
bronze doré. Style Louis XVI.

107 — Pendule de l'époque Louis XVI, forme arceau
en bronze doré et marbre blanc, supportant le
mouvement à jour, signée : *Chapo, à Paris*.

108 — Lustre en bronze, style Louis XVI, garni de
cristaux à trente-six bougies.

Haut., 1 m. 60 cent.

109 — Suspension en bronze poli, style Renaissance,
à douze bougies et une lampe, système Carcel.

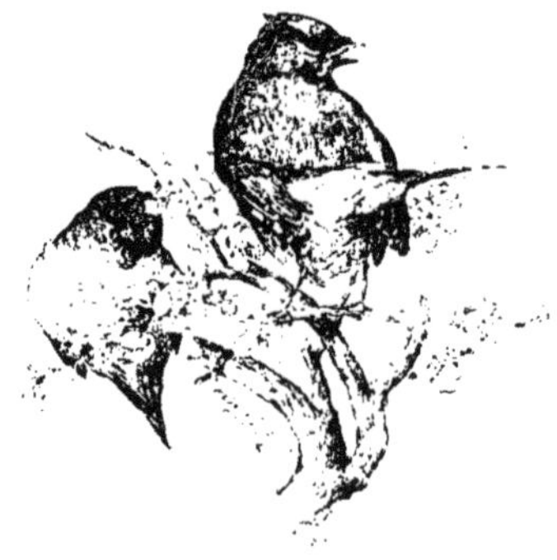

PORCELAINES ET MARBRES

MONTÉS ET NON MONTÉS

110 — Deux vases albâtre brun rubanné, monture en bronze doré. Style Louis XVI.

111 — Deux petits vases faïence fond bleu de Nevers montés en bronze doré.

112 — Jardinière de Chine fond jaune montée en bronze doré.

113 — Jardinière fond turquoise, pendant du précédent.

114 — Deux chimères céladon turquoise formant candélabres à trois lumières. Style Louis XV.

115 — Deux carpes en ancienne porcelaine de Chine, montées en bronze.

116 — Deux vases de Chine, famille verte, à pans coupés, montés en bronze.

117 — Lampe en vieux céladon gris, monture de style Louis XV.

118 — Groupe en vieux céladon : Buffle surmonté d'une statuette de Chinois ; monture rocaille.

119 — Deux vases céladon turquoise, formant gourde à trois ouvertures ; monture bronze doré.

120 — Jardinière en vieux Sèvres, pâte tendre, décor de bouquets de fleurs, montée en bronze doré.

121 — Jardinière de même décor, formant le pendant de la précédente.

122 — Deux légumiers et leurs plateaux en porcelaine de Locré, décor de fleurs.

123 — Compotier fond blanc à bouquets de fleurs, en vieux Sèvres.

124 — Corbeille avec plateau en porcelaine de
Locré.

125 — Deux vases en ancien cloisonné de la Chine,
fond blanc, forme bouteille.

126 — Deux charmants vases en porcelaine tendre
de Tournay, fond rose Dubarry, décor de figures
d'après Lancret d'un côté et bouquets de fleurs
de l'autre. Monture en bronze doré de style
Louis XVI.

127 — Poule couveuse en Saxe Marcolini, formant
vide-poche.

128 — Jardinière en Saxe.

129 — Groupe en porcelaine de Saxe Louis XVI,
avec socle en bronze doré : Enfant cueillant des
cerises.

130 — Coupe en vieux Chine, fond noir et décor de
la famille rose, avec monture en bronze doré.

131 — Écuelle et son plateau en Saxe Louis XVI,
à fond bleu d'empois et médaillons de figures,
d'après Watteau.

132 — Deux cache-pots Louis XVI, en faïence de
Sceaux, décor de fleurs.

133 — Deux lampes Chine à ornements en reliefs.

134 — Plat creux en vieux Saxe, décor de style chinois.

135 — Service à œufs en porcelaine de Saxe, décor
semis de fleurs avec coquetiers et cuillères pour
six personnes.

136 — Bol à punch en porcelaine de Saxe, décor de
quatre médaillons à sujets Téniers et fleurs, avec
enfants et ceps de vigne en relief.

137 — Grande et belle coupe formant milieu de
table, en porcelaine de Saxe à jour, à fleurs et
figurines en relief. Sur socle orné de médaillons
sujets Watteau et de fleurs en relief.

138 — Coffret en porcelaine de Saxe, avec médaillons sujets Watteau sur les quatre côtés et le couvercle; monture en cuivre; garni de velours à l'intérieur.

139 — Deux tasses trembleuses en porcelaine de Saxe, décor à fleurs.

140 — Trois tasses avec soucoupes en porcelaine de Saxe. décor à fleurs.

141 — Deux jardinières forme rocaille en porcelaine de Saxe, décor à fleur

142 — Deux bonbonnières oblongues en porcelaine de Saxe. décor papillons et insectes, intérieur orné d'un sujet Watteau; monture cuivre.

143 — Écuelle et plateau en porcelaine de Saxe, décor en camaïeu rouge. sujets d'après Boucher. avec fleurs en relief.

144 — Panier à bonbons à trois compartiments, fond vert, et médaillons à sujets Watteau, en porcelaine de Saxe.

145 — Deux consoles d'appliques en porcelaine de
Saxe, à jour, à fleurs et figurines en relief.

146 — Paire de potiches en porcelaine de Saxe,
décor par compartiments, fond bleu à sujets
d'après Watteau.

147 — Paire de vases à anses en porcelaine de Saxe,
décor à sujets Watteau, couvercles surmontés de
figurines de femmes tenant des guirlandes de
fleurs; sur socles rocailles.

148 — Boîte à thé avec couvercle en porcelaine de
Saxe, à fleur, et médaillons sujets marines.

149 — Deux grandes jardinières en porcelaine de
Saxe, décor à bouquets de fleurs.

150 — Soupière avec couvercle de Saxe, décor à
fleurs.

151 — Deux bonbonnières de Saxe, décor myosotis
en relief.

152 — Écritoire de Saxe, décor à fleurs.

153 — Jardinière forme rocaille de Saxe, décor à
fleurs en relief.

154 — Coffret à bijoux de Saxe, fond rose à médaillons Watteau.

155 — Cafetière de Saxe, décor à sujets Watteau et
bandes bleues.

156 — Deux lampes en ancienne porcelaine de
Chine, famille rose, décor à fleurs et paysage;
monture bronze doré.

157 — Plaque en ancienne faïence de Castelli, décor
à personnage.

158 — Deux vases en faïence de Deck, décor bleu à
fleurs et oiseaux en couleur.

159 — Paire de vases de Chine forme cylindrique,
décor à sujets guerriers en émaux polychromes.

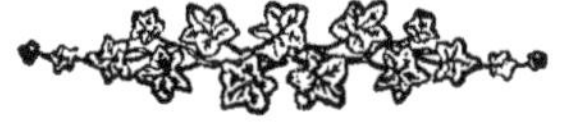

CURIOSITÉS — ARGENTERIE — ORFÈVRERIE

160 — Écuelle à bouillon, époque Louis XV, en argent ciselé et gravé, avec couvercle à anses ornées de mascarons.

161 — Huilier en argent ciselé, époque Louis XVI, avec deux burettes en cristal gravé.

162 — Pièce de surtout de table argentée, formée par un groupe de ceps de vigne et d'enfants.

163 — Jardinière en métal argenté, décor rocailles.

164 — Très belle statuette en buis : Vierge en prière. Travail de la fin du XVIᵉ siècle.

165 — Très beau vidrecome en ivoire, avec bas-relief de sujets mythologiques, garni en argent doré.

166 — Superbe vase en argent doré émaillé, avec

médaillons de figures et anse formée par une
chimère. Travail de Vienne.

167 — Deux petites cassolettes en agate orientale,
montées en bronze doré très finement ciselé,
dans le genre Gouthière.

168 — Deux flambeaux en argent repoussé, de
l'époque de Louis XVI.

169 — Deux très jolies statuettes en ivoire, de Pra-
dier : la Poésie et la Musique.

170 — Très joli huilier en argent, époque Louis XV,
avec bouchons également en argent finement
ciselé.

171 — Deux charmants petits vases-cassolettes, en
agate, formant flambeaux, en bronze doré, de
style Louis XVI.

172 — Joli nécessaire de toilette ou de voyage,
avec flacons, boites et autres accessoires montés
en vermeil guilloché et gravé, travail de la mai-
son Aucoc. Boite en bois de luxe garnie de
cuivre.

ÉTOFFES — TENTURES

173 — Couvre-pieds en satin, fond gris richement
brodé à fleurs, fruits et papillons en soie de
toutes nuances, doublé en satin cerise piqué,
avec chiffre brodé N. S., surmonté d'une cou-
ronne ducale.

174 — Grand bandeau de cheminée, du xvie siècle,
avec broderie en relief.

175 — Beau couvre-lit richement brodé en soie de
couleur. Époque Louis XIV.

176 — Petit tapis de table oriental, fond velours
rouge brodé or.

177 — Deux lambrequins, Louis XVI, en étoffe de
soie fond bleu et blanc, à figures d'Amour.

178 — Tapis de table, époque Louis XIV, en soie,
dessin à fruits tissés partie argent.

179 — Deux paires de rideaux avec lambrequins en
velours vert.

180 — Deux paires de rideaux formés par des bandes
en ancienne soierie brochée, fond vieil or et
rouge à fleurs, garnis de bandes de peluche
rouge et de rideaux en soierie, fond vieux rose
à fleurs avec lambrequins assortis.

181 — Deux paires de rideaux formés par des bandes
en ancienne soierie brochée, fond vieil argent à
fleurs, garnis de peluche rose, et de rideaux en
soierie, fond vert à fleurs, avec lambrequins
assortis.

182 — Décoration de deux croisées en satin rouge,
avec galeries en bois doré. Style Louis XVI.

183 — Décoration de deux croisées formée de quatre
rideaux et un lambrequin, et décoration de lit
en étoffe de laine, fond bleu avec broderies, avec
embrasses et cordelières assorties.

184 — Belle peau de tigre.

TABLEAUX

PEINTURES DÉCORATIVES

DAVID

(École de)

185 — *Les Dieux et Déesses de l'Olympe, les Arts,
les Sciences.*

Suite de sujets allégoriques inspirés de la my-
thologie, formant une frise.

Peinture sur pierre.

Composition de nombreuses figures, dont la
notice ci-après signalera l'intérêt qu'elle offre
au point de vue artistique et décoratif.

Cette frise provient de l'ancien hôtel Chante-
reine.

La série décorative de vingt mètres de panneaux formant frise, qui
proviennent de l'Hôtel de Joséphine de Beauharnais, est une œuvre
d'un rare mérite et d'un intérêt artistique exceptionnel.

Au point de vue de l'époque ; cela révèle toute l'habileté des peintres
de l'École française à la fin du XVIII° siècle, unie à la conception
pseudo-rigide et volontairement châtiée de David. Je crois que ces peintures ont été exécutées, sinon par David en personne, au moins d'après
ses cartons et sous sa direction. La plupart de ces panneaux sont traités

avec une réelle virtuosité de dessin et de couleur, tempérée par un parti pris bien accentué de sobriété et de sévérité. Mais la grâce acquise au XVIIIe siècle l'emporte sur la tentative de réaction austère.

Tous les panneaux ne sont peut-être pas d'une valeur égale au point de vue de l'art ; certains d'entre eux absolument irréprochables, d'une richesse de lignes poussée aux dernières limites et d'une finesse de coloration rare, sont des œuvres de premier ordre. Mais s'il en est de supérieures, il n'en est pas d'une infériorité notoire.

L'exécution de l'œuvre a été confiée à plusieurs artistes probablement élèves de David ; toutefois on sent l'unité du plan et, malgré quelques variantes dans l'exécution, il règne dans l'œuvre entière une harmonie remarquable.

Au point de vue documentaire, ces panneaux offrent un intérêt historique des plus attachants. Ils parlent par la ligne et la couleur d'une époque de bouleversements et de transitions brusques qui font ressortir davantage l'immuable sérénité de l'art, surtout dans ses manifestations décoratives.

C'est une page d'histoire anecdotique dont la valeur pour un amateur éclairé est considérable.

Signé : Marquis DE VILL-CASTEL-BOISSY.

BLUM

(MAURICE)

186 — *La Femme à l'éventail.*

BLUM

(MAURICE)

187 — *La Pensive.*

Tête de femme en costume Louis XV.

BROCAS

188 -- *Les Saisons.*

> Quatre panneaux décoratifs, signés et datés 1841.

CLOUET

(École de JEHANNET)

189 — *Portrait de jeune seigneur.*

> Représenté presque de face, en costume noir. à collerette blanche, tenant ses gants dans la main droite. Œuvre d'une grande finesse.
> Datée en haut : 1588.

COURTOIS DIT BOURGUIGNON

190 -- *Combat de cavalerie.*

FANTY LESCURE

(GASTON)

191 — *Tête de femme enveloppée d'un boa.*

FANTY LESCURE

(GASTON)

192 — *Tête de femme.*

Fantaisie.

FANTY LESCURE

(EMMA)

193 — *Vase de fleurs des champs.*

FANTY LESCURE

(EMMA)

194 — *Panier de fleurs des champs.*

INNOCENTI

195 — *Une Loge remplie de masques.*

INNOCENTI

196 — *Le Chiffonnier.*

LEMOINE

197 — *Vénus et l'Amour dans un paysage.*

MIGNARD

198 — *Portrait de dame en riche costume de l'époque Louis XIV.*

NATTIER

(Attribué à)

199 — *Portrait de gentilhomme.*

Pastel ovale.

SERRES

(ANTONY)

200 — *Les Misères de l'hiver.*

RANSONNETE

201 — *Paysage avec cours d'eau et figures.*

LA ROSALBA

(Attribué à)

202 — *Portrait de jeune femme de qualité.*

En costume de l'époque, à corsage décolleté, avec manteau de fourrure jeté sur l'épaule : coiffure à la poudre.
Joli pastel.

VESTIER

203 — *Portrait de dame.*

Les cheveux poudrés, vêtue d'une robe de satin blanc ornée de fourrures.

VIGÉE-LEBRUN

204 — *Enfant.*

En costume blanc, tenant des bouquets de roses.

VAN DELEN ET STEVENS

205 — *Les Thermes d'un palais.*

> Jolie composition architecturale. animée de nombreuses figures.

WILLE

207 — *Portrait de jeune fille en costume de l'époque Louis XVI.*

WOUWERMANS

(P.)

201 — *Le Départ pour la chasse.*

WOUWERMANS

(D'après)

208 — *Choc de cavalier et de carrosse.*

WOUWERMANS

(D'après)

209 — *La Chasse aux sangliers.*

ECOLE ANGLAISE

210 — *Lady assise dans un parc.*

Entourée de ses enfants jouant près d'elle.

ECOLE FRANÇAISE

211 — *Paysage avec amours occupés à des travaux champêtres.*

Quatre dessus de portes.

ECOLE FRANÇAISE

212 — *La Femme au manchon.*

Portrait présumé de la marquise de Pompadour.

Esquisse.

ECOLE FRANÇAISE

XVIIIe siècle

213 — *Portrait de femme.*

En robe bleue décolletée, coiffure à la poudre.

ECOLE ITALIENNE

214 — *Scène de bataille sous les murs d'une ville forte.*

215 — Tableaux et objets omis.

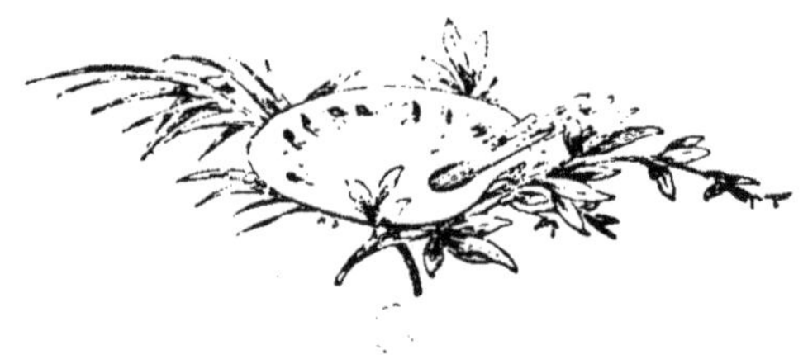